FACULTÉ DE DROIT DE PARIS.

Thèse

pour la Licence.

L'acte public sur les matières ci-après, sera soutenu,
le mardi 7 août 1855, à midi,

Par Jean–Baptiste–Émile GINOT, né à Paris.

Président : **M. DE VALROGER**, Professeur.

Suffragants :
{
MM. PELLAT,
OUDOT,
BONNIER, } Professeurs.
DUVERGER, Suppléant.

*Le Candidat répondra en outre aux questions qui lui seront faites
sur les autres matières de l'enseignement.*

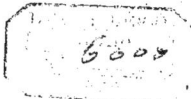

PARIS.

VINCHON, FILS ET SUCCESSEUR DE Mme Ve BALLARD,
Imprimeur de la Faculté de Droit,
RUE J.-J. ROUSSEAU, 8.
—
1855.

A LA MÉMOIRE DE MA MÈRE.

———

A MON PÈRE.

JUS ROMANUM.

DE ACQUIRENDO RERUM DOMINIO.

(Dig., lib. xli, tit. 1.)

DE DOMINIIS ET ACQUISITIONIBUS RERUM.

(Ulpiani fragmenta, tit. 19.)

Dominium est jus quo plenam in re potestatem habemus : jus utendi, fruendi, abutendi complectitur. Pluribus modis acquiritur ; sed omnes in duobus generibus contineri possunt quæ ex naturali vel civili jure originem trahunt. A vetustiori jure incipere commodius est : palam est autem vetustius esse jus naturale, quod cum ipso genere humano rerum natura prodidit. De modis igitur naturalibus videbimus, de modis civilibus, dein per quas personas nobis dominium adquiritur.

I. — DE MODIS ADQUIRENDI DOMINII JURE GENTIUM.

Tres sunt præcipui acquirendi dominii naturales modi : occupatio, accessio, traditio.

1° Occupatio est rerum corporalium, quæ nullius vel hostium sunt, apprehensio animo domini facta.

3991

Feræ bestiæ, volucres, pisces, si ab aliquo capti fuerunt, jure gentium statim illius esse incipiunt : quod enim ante nullius est naturali ratione occupanti conceditur : quidquid autem eorum ceperis, eousque tuum esse intelligitur, donec tua custodia coercetur ; cum vero custodiam tuam evaserit, vel revertendi consuetudinem deseruerit, tuum esse desinit, et rursus occupantis fit.

Item ea, quæ ex hostibus capiuntur, statim nostra fiunt : adeo quidem ut et liberi homines in servitutem nostram deducantur. Qui tamen si evaserint nostram potestatem ac ad suos reversi sint, pristinum statum recipiunt.

Item lapilli et gemmæ, et cætera quæ in littore inveniuntur, jure naturali statim inventoris sunt : non ita vero si per viam inveniantur; non ibi naturalis positio, dominorum permanent, quia nullius non sunt, et palam est non pro derelicto haberi.

Thesaurus, qui vetus est quædam depositio pecuniæ, cujus non exstat memoria, ut jam dominum non habeat, si non data ad hoc opera, sed fortuito casu in alieno solo reperiatur, dimidium inventori, dimidium domino soli conceditur.

Insula quæ in mari nata est, occupantis fit, quia nullius esse creditur.

Quæ naturali jure communia sunt omnium, ut aer, aqua profluens, mare et per hoc littora maris, quatenus hybernus fluctus maximus excurrit. Est cuique liberum casam in littore ponere, in tantum ut et soli domini constituantur qui ibi ædificant : sed quamdiu ædificium manet, alioquin ædificio dilapso, quasi jure postliminii, revertitur locus in pristinam causam, et si alius in eodem loco ædificaverit, ejus fiet.

2° Accessio nobis dominium adquirit vi ac potestate rei nostræ in omnibus istis rebus, in quibus nostra res per prævalentiam alienam rem trahit, nostramque efficit. In hoc vero non omnes consentiunt, et sunt qui accessionis nomine multa acquirendi genera brevitatis gratia comprehendi putent.

Ea quæ ex animalibus dominio tuo subjectis nata sunt, tibi adquiruntur jure naturali.

Item quod per alluvionem agro tuo flumen adjecit ita paulatim ut intelligere non possis quoquo momento temporis adjiciatur, tibi adquiritur. Insula in flumine nata, si quidem mediam partem fluminis tenet, communis est eorum qui ab utraque parte fluminis prope ripam prædia possident, pro modo latitudinis cujusque fundi, quæ latitudo prope ripam sit. Inter eos qui secundum unam ripam prædia habent, non pro indiviso communis fit insula, sed regionibus quoque divisis; quantum enim ante cujusque eorum ripam est, tantum veluti linea in directum per insulam transducta, quisque eorum in eo habebit certis regionibus. Quod si alteri parti proximior sit, eorum est tantum, qui ab ea parte prope ripam prædia possident.

Si ex aliena materia species aliqua facta sit, quæri solet quis eorum naturali ratione dominus sit, utrum is qui fecerit, an ille potius qui materiæ dominus fuerit. Nerva et Proculus putant hunc esse dominum qui fecerit, quia quod factum est antea nullius erat; Sabinus vero, qui materiæ dominus fuerit, eumdem ejus quoque, quod ex eadem materia factum sit, esse dominium, quia sine materia nulla species effici possit. Est tamen media sententia recte existimantium, si species ad materiam reverti possit, verius esse quod Sabinus sensit; si non reverti possit, verius esse quod Proculo placuit.

Cum in suo solo aliquis ex aliena materia ædificaverit, ipse intelligitur dominus ædificii; ex diverso si quis in alieno solo sua materia ædificaverit; illius fit domus cujus et solum est, quia omne quod inædificatur solo cedit. Frumenta quæ sata sunt, plantæ arboresque, si modo radices egerint, solo cedere intelliguntur. Litteræ quoque licet aureæ sint, chartis membranisque cedunt : non hoc vero picturæ placuit, pro picturæ pretio ; etsi necesse videatur id illi cedere, quod sine eo esse non possit.

Si duorum materiæ confusæ sint, communis fit et utrique competit dividundo actio; vel in rem actio, ut separentur, si deduci possint ac fortuito casu aut invitis dominis mixtæ fuerint ;

3° Per traditionem quoque jure naturali res nobis acquiruntur : nihil enim tam conveniens est naturali æquitati, quam voluntatem domini volentis rem suam in alium tranferri, ratam haberi.

Necesse est ut consensus contrahentium concurrat circa rem cujus dominium transfertur, circa personam ad quam dominium transfertur, et circa ipsam dominii translationem.

Traditio nihil amplius transferre debet vel potest ad eum qui accipit, quam est apud eum qui tradit. Si igitur quis dominium in fundo habuit, id tradendo transfert; si non habuit, ad eum qui accipit, nihil transfert. Transit etiam quale fuit : si servus fuit fundus, cum servitutibus; si liber, uti fuit.

Nuda traditio, quæ est translatio possessionis, nunquam dominium transfert, sed ita si venditio aut aliqua justa causa præcesserit, propter quam traditio sequatur, nunquam nudis pactis dominium transfertur.

Incorporales res traditionem non recipere manifestum est, tamen usuifructui et aliis juribus quasi traditio admissa fuit, quæ in eo est, ut patiaris aliquem eo jure uti quod tradi volueris. Olim res nec mancipi tantum jure civili alienabantur traditione ; Justiniani vero tempore corporalia quæque cujuscumque generis sint, tradi possunt.

Venditæ res et traditæ non aliter emptori adquiruntur, nisi fidem venditor secutus sit, quam si pretium solverit. Interdum etiam sine traditione nuda voluntas domini sufficit ad

dominium transferendum, veluti si rem quam tibi aliquis com-
modavit, vendiderit tibi aut donaverit : quamvis enim ex ea
causa tibi eam non tradiderit, eo tamen ipso, quod patitur
tuam esse, tibi continuo proprietas adquiritur. Item si quis
merces in horreo depositas vendiderit, atque claves horrei
tradiderit emptori.

II. — DE MODIS ACQUIRENDI DOMINII JURE CIVILI.

Singulorum hominum multis modis res fiunt, ut mancipatione,
in jure cessione, adjudicatione, usucapione, lege; plura in de-
suetudinem Justiniani tempore abierunt.

Imprimis mancipatio erat, quæ propria species alienationis
imaginaria quadam venditione fiebat, certis verbis, libripende
et quinque testibus civibus romanis puberibus præsentibus.
Locum habebat inter cives romanos et latinos, colonarios lati-
nosque Junianos eosque peregrinos quibus commercium datum
est : commercium est emendi vendendique invicem jus.

Omnes res aut mancipi erant aut nec mancipi. Mancipi res
erant prædia in Italico solo tam rustica quam urbana, jura prædiorum rusticorum, item servi et quadrupedes qui dorso collove
domantur. Cæteræ res nec mancipi erant. Magna autem diffe-
rentia erat : nam res nec mancipi traditione alienari poterant;
res mancipi, mancipatione tantum. Et si rem mancipi neque
mancipaveram, neque in jure cesseram, sed tantum tibi tradi-
deram, hæc res in bonis quidem tuis efficiebatur; ex jure qui-
ritium vero mea permanebat, donec tu eam usucapiendo possi-
deres. Duo igitur dominii jura erant : sed hæc divisio, quasi va-
cuum et superfluum verbum, a Justiniano sublata fuit.

Prædiorum mancipatio a cæterorum mancipatione differebat
quod personæ civiles et liberæ, item animalia, nisi in præsentia
essent, mancipari non poterant ; adeo quidem ut et eum qui

mancipio accipiebat apprehendere id ipsum, quod ei mancipio dabatur, necesse esset; unde etiam mancipatio dicitur, quia res manu capiebatur. Prædia vero absentia solent mancipari.

In jure cèssio communis quoque alienatio erat et mancipi rerum et nec mancipi. Quæ fit per tres personas, in jure cedentis, vindicantis et addicentis. In jure cedi res etiam incorporales possunt, velut ususfructus, et hereditas. In jure vero cessionis locum nunc traditio ac quasi traditio venerunt.

Adjudicatio, modus acquirendi civilis Justiniani tempore viget: judicis declaratione, privati civis romani a magistratibus electi formulæ explicandæ gratia, dominium æque transfertur ac in jure cessione magistratus sententia. Locum habet inter socios communi dividundo, inter coheredes familiæ erciscundæ, inter vicinos finium regundorum actionibus.

Usucapio est genus a jure civili constitutum, quo dominium adeptum est tam mancipi rerum, quam nec mancipi, anno ubique si res mobilis est; si immobilis biennio tantum in Italico solo, ne in incerto sint dominia rerum.

Sunt adhuc quæ nobis per legem. adveniunt velut caducum, ex lege Papia Poppæa et legatum ex lege Duodecim Tabularum.

Si quis a non domino quem dominum esse crediderit, bona fide fundum emerit, vel ex donatione aliave qualibet justa causa æque bona fide acceperit, naturali ratione placuit fructus omnes, vel eos qui non diligentia ejus et opera creverunt, vel qui nondum percepti separati sunt a quovis, ejus esse pro cultura et cura, et in percipiendis fructibus id juris habere quod dominis tributum est; et ideo si postea dominus supervenerit, et fundum vindicet, de fructibus ab eo consumptis agere non potest. Ei vero qui alienum fundum sciens possederit, non idem concessum est, itaque cum fundo etiam fructus consumptos cogitur restituere.

III. — DE PERSONIS PER QUAS DOMINIUM ACQUIRITUR.

Venit nobis dominium non solum per nosmetipsos, sed per quos in potestate habemus, per filios aut servos potestati nostræ subjectos. Si quid ex traditione nanciscantur, sive quid stipulentur, vel ex alia causa adquirant, hoc nobis ignorantibus et invitis obvenit.

Si servus plurium sit, cuique pro portione dominii adquirit; sed si stipuletur nominatim alteri ex dominis, soli ei adquirit.

Hereditati, ut domino, per servum hereditarium adquiritur: hereditas enim non heredis personam, sed defuncti sustinet quoties servus hereditarius stipulatur, ex persona defuncti vires sumit.

Per servos in quibus tantum usumfructum habemus, ita placuit ut quidquid ex re nostra vel ex operis nostris adquirant id nobis adquiratur, quod vero aliud persecuti sunt, id ad dominum proprietatis pertineat. Si servus thesaurum invenerit, inspicitur num ex operibus servi adquiratur; si terram fodiendo, dimidia sit fructuarii; si ambulando, nihil agens, totus sit proprietarii.

Per servum usuarium autem adquirimus pariter ex re nostra, at non ex operis ejus.

Qui bona fide alicui servit, sive servus alienus, sive servus furtivus, sive liber homo sit, quidquid ex re ejus cui servit, adquirit, ei adquirit cui bona fide servit. Per extraneam vero personam, id est juri nostro subjectam adquiri non potest. De possessione non item, quæ per quemlibet volentibus nobis adquiri potest.

Si procurator rem mihi emerit ex mandato meo, eique sit tradita meo nomine, dominium mihi adquiritur: quamvis enim ignorem an jam meum mandatum impleverit, cum ipsi man-

daverim acquirere, mihi volenti adquirit. Quod si sine mandato faciat, non prius perficitur acquisitio, quam ratum ha-
buerim.

Sed et ex mandato non aliter procurator domino adquirit
quam si ejus nomine rem adquireret, non ita prius dominium
rei domino quæretur, quam ei procurator tradiderit.

———

POSITIONES.

I. Quod si vis fluminis partem aliquam ex tuo prædio
detraxerit, et vicini prædio attulerit, palam est tuam per-
manere.

II. Si proprior ripæ tuæ est enata insula, et postea totum
flumen fluere inter te et insulam cœpit, relicto suo alveo, nihi-
lominus insula tua manet, et alveus qui fuit inter insulam et
fundum vicini medius dividi debet.

III. Si post aliquod tempus ad priorem alveum derelictum
reversum fuerit flumen, rursus novus alveus eorum esse inci-
pit qui prope ripam ejus prædia possident : sed vix est ut id
obtineas.

IV. Inundatio speciem fundi non mutat.

V. Qui excussit spicas non novam speciem facit, sed eam quæ
est detegit.

VI. Scienti alienum solum esse potest objici culpa quod temere ædificaverit in eo solo : sed benignius est in hujus quoque persona haberi rationem impensarum.

VII. In fructibus adquirendis mala fides superveniens nocet.

VIII. Per liberam personam ignoranti acquiritur possessio ; sed usucapio sine scientia inchoari non potest.

IX. Si procurator meus rem suam quasi meam alii tradiderit, non recessit ab illo dominium, quia nemo errans rem suam amittit.

DROIT FRANÇAIS.

(Code Nap., art. 1138, 1140 et 1141; art. 938-942; art. 1069-1074; art. 1585; art. 1689-1691; art. 2279-2280.)

DES DIFFÉRENTES MANIÈRES D'ACQUÉRIR LA PROPRIÉTÉ.

On acquiert ou à titre onéreux ou à titre gratuit.

Dans les manières d'acquérir à titre onéreux, l'aliénateur reçoit quelque chose qui est pour lui l'équivalent de la propriété qu'il transmet.

Dans les manières d'acquérir à titre gratuit, l'aliénateur fait sortir quelque chose de son patrimoine sans aucune compensation.

Il y a quelque utilité à faire cette distinction au point de vue de la capacité de l'aliénateur et de celle de l'acquéreur, au point de vue des formes de ces actes, et des entraves qui sont apportées à leur libre exercice.

La capacité de disposer et d'acquérir à titre onéreux est beaucoup plus grande que celle de disposer et acquérir à titre gratuit : lorsque les intérêts des deux parties sont en jeu, la loi suppose que les avantages sont compensés, et les convenances réciproques ; dans le cas inverse, elle y voit des libéralités souvent injustes parce qu'elles viennent troubler l'ordre naturel des successions et en favoriser un aux dépens des autres. Ainsi les donations à un fils adultérin ou incestueux sont nulles : tout acte à titre onéreux dans les mêmes circonstances serait valable, s'il ne déguisait point de libéralité. Il en serait de même de toute donation faite par un mort civilement ou à un mort civilement, par un malade à son médecin, pendant la dernière maladie pour laquelle il lui aurait donné des soins, s'il était mort de cette maladie.

Les actes à titre onéreux sont consensuels ; ils produisent leurs effets par le seul consentement des parties. La donation au contraire est un contrat solennel, exigeant des formalités plus minutieuses ; la forme authentique est nécessaire pour sa perfection.

Dans un contrat à titre onéreux, les conditions contraires aux lois et aux bonnes mœurs sont nulles, et rendent nulle la convention qui en dépend ; les mêmes conditions sont dans les donations réputées non écrites.

Les donations sont rapportables, réductibles, révocables.

DU TRANSPORT DE LA PROPRIÉTÉ PAR L'EFFET DES CONVENTIONS.

La propriété peut-elle être transférée par le seul accord des volontés ? En droit romain la négative est une espèce de maxime : *traditionibus et usucapionibus, non nudis pactis dominia rerum transferuntur*. La définition même de l'obligation indiquait que cet effet était contraire à sa nature : *obligationum enim substantia non in eo est ut nostram rem faciat, sed ut alios adstringat ad aliquid dandum vel faciendum vel non*. La convention ne produisait qu'une créance, un *jus ad rem*, et il fallait recourir à la tradition, pour que ce droit devînt un droit de propriété, *jus in re*, opposable à tous. Pothier reconnaît cette doctrine comme incontestable : « Celui qui a promis de transférer la propriété, disait-il, en est tenu sous peine de dommages-intérêts ; mais pour transférer la propriété, il faut mettre la personne en possession de la chose. » La convention ne produit qu'une créance, et le créancier n'a point droit à l'enlèvement de la chose. Cependant la pratique française y avait admis un tempérament ; elle voulait que la chose, tant qu'elle n'était point sortie des mains du débiteur, mais en ce cas seulement, pût être enlevée par le créancier : sans changer la nature du droit, elle ne le limitait plus à de simples dommages-intérêts, et donnait au créancier une espèce de revendication.

Si nous passons au Code, nous trouvons dans l'art. 1138, que l'obligation de livrer la chose est parfaite par le seul consentement des parties contractantes. Le principe y est nettement formulé : le seul accord des volontés est, dans notre législation, capable de transférer la propriété ; c'est une innovation sur le droit romain, réalisée par des changements successifs. On traite dans ce même article de la charge des risques, mais c'est une tout autre question qui ne se rattache à la première que par suite de cette idée que l'on n'est soumis aux risques que du moment où il y a eu transport de propriété, que le propriétaire seul en est responsable.

On a longtemps supposé qu'il y avait une correction à faire dans notre article ; que c'était l'obligation de donner et non celle de livrer qui était parfaite par le consentement des parties ; que ces deux mots avaient été mis l'un pour l'autre ; mais une étude attentive des origines de l'article démontre qu'il n'en n'est rien, et que c'est bien l'obligation de livrer qui est regardée comme ayant produit tous ses effets, du moment où il y a accord des volontés ; ce n'est plus, comme dans le droit romain, une tradition réelle, mais une tradition feinte, réputée faite. Déjà l'ancien droit lui-même, à cause de la difficulté de la faire dans toute sa rigueur, avait souvent été obligé de la négliger. La coutume d'Orléans, permettant plus encore, avait admis une clause de saisine et dessaisine qui transférait la propriété dès la naissance du contrat. On ne manquait jamais de l'insérer, et, substituant la réalité aux apparences, abandonnant ce qui était de forme pour s'en tenir au fond du droit, le Code a fait entrer dans la loi ce qui était devenu de style. Il a dispensé de cette clause en la rendant inhérente à tout contrat. Ceci explique pourquoi en droit français la tradition n'est point rangée au nombre des manières d'acquérir la propriété. Lorsque les rédacteurs du Code ont mis dans l'art. 938 que la propriété serait transférée sans qu'il fût besoin d'autre tradition, ils se reportaient aux usages en vigueur au moment où ils écrivaient : une tradition fictive étant encore de rigueur, ils voulaient faire connaître qu'elle ne serait plus nécessaire, le transport du droit étant consommé par la seule force du contrat qui opère une espèce de tradition civile et, par conséquent, nullement matérielle.

Mais est-ce bien à l'égard de tous, ou seulement entre les parties contractantes, que l'accord des volontés opère mutation de propriété? Lorsqu'un droit est personnel, comme il ne crée de lien juridique qu'entre les parties contractantes, que le débiteur seul peut être poursuivi à l'occasion de la chose, rien ne s'oppose à ce que les effets se produisent simultanément à la formation du contrat; les parties contractantes savent dès ce moment ce à quoi elles sont engagées, et elles seules peuvent être poursuivies; mais s'agit-il d'un droit réel, d'un droit qui peut être réclamé sur la chose, quel qu'en soit le possesseur, les effets en doivent être suspendus jusqu'à ce que le contrat puisse arriver à la connaissance des tiers.

Appliquant ces principes au transport de la propriété par l'effet des conventions, nous trouverons que l'obligation de livrer est parfaite dès la formation du contrat entre les parties contractantes, mais qu'elle n'est opposable aux tiers que du moment où ils sont présumés en être avertis par certains signes extérieurs déterminés par la loi à cet effet. Le contrat n'en reste pas moins valable entre les parties, mais tant que les formalités de publicité n'ont pas été remplies, il est réputé ne pas exister pour les tiers. En effet, si vous devenez propriétaire d'un immeuble, n'est-il pas nécessaire que vous annonciez à tous que cette propriété a changé de maître, que c'est vous qui avez désormais les pouvoirs d'aliéner, d'hypothéquer? sinon chacun ne doit-il pas de bonne foi croire qu'ils sont restés entre les mêmes mains? Et s'il contracte avec celui qui a pour lui toutes les apparences d'un véritable propriétaire, serait-il juste que ce tiers fût victime d'un dol que l'acheteur aurait pu prévoir en donnant au contrat la publicité exigée par la loi?

Nos lois sont conformes à ces principes, qui ont été généralisés et appliqués à toutes les manières d'acquérir la propriété.

D'après la loi du 11 brumaire an VII, tous les actes translatifs de biens et droits susceptibles d'hypothèques devaient être transcrits au bureau des hypothèques de l'arrondissement où l'immeuble était situé, pour être opposables aux tiers. Cette transcription consistait en la copie littérale de l'acte sur un registre à ce destiné, et que tout le monde pouvait consulter. La transcription transférait la propriété, et c'était le premier qui avait fait transcrire, si le même immeuble avait été successivement vendu à plusieurs, qui succédait à tous les droits du vendeur. Ainsi toutes aliénations, toutes hypothèques consenties par le vendeur avant la transcription étaient valables, et l'acheteur évincé n'avait qu'un simple recours contre le vendeur. Toutes celles au contraire consenties depuis la transcription étaient nulles et ne pouvaient être opposées à l'acheteur ; car on avait dû consulter les registres ouverts à cet effet, pour savoir si ce droit était bien dans le patrimoine de celui qui voulait le céder.

Lors de la rédaction du Code, ce système fut attaqué avec une certaine violence ; on voulait dégager la transmission de la propriété de toute formalité. Ne pouvant tomber d'accord, on convint de rejeter le règlement de cette matière au titre de la Vente, puis lorsqu'on en vint à ce titre, au titre des Hypothèques ; comme on ne trouve dans ce dernier titre rien qui concerne le transport de la propriété, on a conclu que la réserve de l'art. 1140 était de nul effet, et que l'art. 1138 ne faisait aucune différence entre les parties elles-mêmes et les tiers.

Quelle que fût la bizarrerie de cette décision, qui répugnait au reste de notre législation, elle subsista jusqu'à ces derniers jours, où une loi vient de rétablir l'ancienne transcription à peu près comme elle avait été réglée en brumaire.

Quant aux meubles, leur nombre, leur nature, qui les destine à passer rapidement et à tout instant d'une main dans une autre, s'opposait à ce qu'on pût les soumettre à aucune formalité. Comme pour les immeubles, le transport de propriété a lieu par le seul accord des volontés, sans aucune tradition, et même avec une sécurité plus grande dans la mutation, car en fait de meubles, possession vaut titre.

Celui envers qui on s'est obligé de livrer une chose en devient propriétaire, encore qu'il n'ait point été mis en possession réelle de la chose ; l'obligation parfaite par le seul consentement des parties, la possession de la chose ne pourrait rien ajouter à ses droits. Si une même chose déjà vendue est cédée par le vendeur à un tiers qui est mis en possession

réelle, ce tiers en devient propriétaire, non plus par l'effet
d'un contrat, mais en vertu de la règle qu'en fait de meubles,
possession vaut titre. Aussi est-il nécessaire qu'il soit de bonne
foi.

Ceci ne concerne que les choses purement mobilières ; la
transmission des créances a des lois particulières, et lorsqu'on
parle de possession réelle opposée à la possession prove-
nant de la tradition fictive résultant de l'obligation, il faut
l'entendre en ce sens que la chose doit être entre les mains de
la personne, sans qu'il soit besoin de la lui remettre, si elle
la possédait déjà à un autre titre, soit comme dépositaire, soit
comme locataire.

Au résumé, le transport de la propriété a lieu, pour les meubles, dès la formation du contrat et à l'égard de tous ; pour les
immeubles, cet effet instantané est limité aux parties contractantes. Pour qu'il puisse être opposable aux tiers, il faut qu'ils
en aient connaissance, et la loi les présume avertis lorsque
transcription de l'acte a été faite dans la forme et dans les
lieux voulus.

DE LA DONATION ET DES SUBSTITUTIONS.

En droit romain, la donation n'était point une manière d'acquérir la propriété : elle n'était qu'un simple pacte non obliga-
toire, et fût-elle accompagnée de stipulation, elle ne faisait que
donner une créance au donataire, sans lui transmettre la propriété, qui ne s'acquérait que par la tradition de la chose.
Dans l'ancien droit, il fallait la clause que le donateur inves-
tissait le donataire de la chose qu'il voulait lui destiner, et s'en
désinvestissait. C'était une réminiscence de la loi romaine ; mais,
si la propriété n'était pas transmise immédiatement, comme cette
clause de saisine et dessaisine était devenue de style, on ne peut,
à proprement parler, dire que le Code ait innové. Le législa-

teur a agi plus franchement, et n'a fait que dégager le droit de
certaines pratiques; c'est à cette tradition fictive que font allu-
sion les mots de *autre tradition*, déjà expliqués à propos des
obligations.

Chez nous, la propriété est donc transférée par le consentement du donateur, l'acceptation du donataire, du moment où
leurs volontés se sont rencontrées, mais entre les parties contractantes seulement; car vis-à-vis de tous, et l'on n'a jamais
varié sur ce principe, on a toujours reconnu qu'il fallait entou-
rer de formalités protectrices les mutations à titre gratuit.

Toute donation, sous Justinien, qui dépassait 500 solides, de-
vait, pour valoir à l'égard des tiers, être rendue publique, et elle
était présumée rendue publique par l'insinuation, qui consistait dans la copie de l'acte sur un registre spécial. L'insinuation
était même nécessaire pour que la donation fût valable *inter*
partes; mais elle cessa d'être essentielle à son existence en 1566,
sous Charles IX, et ne fut plus considérée que comme une for-
formalité accidentelle exigée dans l'intérêt des tiers intéressés
à connaître la donation. Elle avait lieu pour les donations mobilières comme pour celles immobilières; elle se faisait au
greffe des tribunaux dans un délai facultatif de quatre mois,
avec effet rétroactif jusqu'au jour de l'acceptation.

Ce sont autant de différences avec la transcription, qui, orga-
nisée par la loi de brumaire an VII, n'abrogea point l'ordonnance
de 1731, où se trouvait développé le système de l'insinuation;
et, jusqu'à la promulgation du Code, l'insinuation et la transcription restèrent deux formalités distinctes auxquelles les donations furent à la fois soumises.

A partir de cette époque, la transcription fut seule en vigueur;
on pense généralement qu'elle doit être interprétée d'après la
loi de brumaire. Elle se fait au bureau des hypothèques, pour
les seuls biens soumis à l'hypothèque, et sans aucun délai qui

fasse remonter fictivement au jour de l'acceptation le moment de la transcription. Elle peut avoir lieu à toute époque; mais tous actes d'aliénation par l'ancien propriétaire sont valables à l'égard des tiers, s'ils précèdent la transcription.

La transcription doit être requise par le donataire majeur : il y est le premier intéressé, ses créanciers pourraient le remplacer par les maris et tuteurs sans que l'incapable puisse se faire restituer contre le défaut de transcription, même dans le cas d'insolvabilité de son représentant légal; par le mineur émancipé, les administrateurs des établissements publics. La femme mariée, l'interdit, le mineur, ses parents et amis, le curateur de l'émancipé peuvent le requérir, mais ils n'y sont point obligés.

Le défaut de transcription peut être opposé par toutes personnes y ayant intérêt; tels sont :

1° Les tiers acquéreurs à titre onéreux : tous ceux qui, dans l'intervalle de la donation à la transcription, ont acquis des droits sur la chose donnée, lors même qu'ils auraient eu connaissance par d'autres voies de la donation ; car, tant qu'elle n'est point transcrite, elle est présumée ignorée des tiers, et nulle preuve ne saurait être admise contre une présomption de la loi.

2° Les créanciers chirographaires du donateur : ils ont droit sur tout ce qui est dans le patrimoine de leur débiteur; tant que la transcription n'en a pas été faite, la chose donnée est pour les tiers réputée n'être point sortie de ses biens. Elle peut donc être saisie comme gage des créanciers.

3° Les héritiers du donateur : car ils ont pu, dans l'ignorance de cette aliénation, accepter une succession onéreuse, et ils ne doivent pas moins être protégés contre les donations manuelles que contre la découverte d'un testament renfermant des legs considérables.

4° Les donataires et légataires à titre universel ou particulier.

Mais il faut en excepter, d'après l'art. 941 :

1° Les personnes qui sont obligées de faire transcrire la donation : elles sont en faute au cas où la donation n'a pas été transcrite ; elles sont tenues d'indemniser de l'éviction qu'elles font subir ; à quoi pourrait leur servir une demande aboutissant à l'éviction ?

2° Les ayants cause des personnes chargées de faire faire la transcription.

3° Le donateur : l'éviction provient de son fait, et il est garant de son fait.

La loi a encore exigé la transcription pour assurer, à l'égard des tiers, l'effet de dispositions à charge de restitution. Le grevé n'est propriétaire des biens substitués que sous condition résolutoire : à la réalisation de cette condition, ce droit s'éteint, et tous ceux qu'il a pu consentir sur les biens substitués ; aussi, la loi, pour prévenir les torts que ces donations feraient aux tiers si elles restaient cachées, ordonne-t-elle qu'elles deviennent publiques pour leur être opposables.

« Les dispositions par actes entre vifs ou testamentaires, à charge de restitution, seront rendues publiques ; savoir : quant aux immeubles, par la transcription des actes sur les registres du bureau des hypothèques du lieu de la situation ; et quant aux sommes colloquées avec privilége sur des immeubles, par l'inscription sur les biens affectés au privilége. »

Il ne faut pas confondre la publicité de la donation avec la publicité de la substitution.

La première a pour but d'avertir que le donateur n'est plus propriétaire de la chose donnée, qu'elle est passée dans le patrimoine du donateur ; fait-elle faute, c'est le donateur qui, à l'égard des tiers, reste propriétaire et capable d'aliéner la chose en tout ou en partie.

La seconde a pour but d'avertir le tiers que le donataire n'est point propriétaire incommutable des biens substitués, qu'il ne peut consentir que des droits affectés de cette même condition résolutoire dont dépend l'irrévocabilité de sa propriété. Vient-elle à manquer, le grevé passe pour propriétaire irrévocable vis-à-vis des tiers.

Aussi le testament doit-il être transcrit, non pas en tant que testament, mais parce qu'il établit une substitution ; aussi la donation doit-elle être transcrite à nouveau, ou du moins doit-il être fait mention en marge de la substitution. Pour les privi-léges, l'inscription est déjà faite, puisque je n'ai pu obtenir ce privilége que par subrogation dans un privilége préexistant déjà inscrit. Faut-il donc une nouvelle inscription? Oui, car cette inscription qui concernait le privilége, en tant que privi-lége à établir, ne peut pas plus atteindre le but que se propose la loi, que ne l'atteindrait la transcription d'une donation en tant que donation. La loi veut faire connaître que cette créance n'est pas irrévocablement dans nos biens, qu'elle fait partie d'une substitution, afin que le remboursement ne soit pas effectué hors la présence du tuteur. C'est contre le grevé qu'est prise cette inscription, pour qu'il ne puisse ni la céder, ni la vendre ; c'est contre celui qui a cédé le privilége qu'est éta-blie la première, pour avertir qu'elle est sortie de ses biens. De même, au cas de donation, c'est contre le donataire qu'est faite la transcription de la donation en tant que substitution, tandis qu'en tant que donation, elle est transcrite contre le donateur.

De là cette conséquence bien simple que le défaut de la pre-mière transcription ne peut être opposé que par ceux qui ont traité avec le donateur, le défaut de la seconde par les ayants cause du grevé. Ce droit leur appartient, même s'il est démontré qu'ils en ont eu connaissance par d'autres voies, même si les appelés sont mineurs ou interdits, sans que l'insolvabilité du grevé ou du tuteur responsable puisse changer leur position.

Outre les rapports sous lesquels nous venons de parler de la transcription, elle est encore d'une grande importance dans notre Code : 1° elle conserve le privilége du vendeur ; 2° elle sert à tout acquéreur à titre gratuit ou à titre onéreux pour fixer le point de départ de la prescription des hypothèques ; 3° elle sert à tout acquéreur pour faire courir le délai de quinze jours, dans lesquels les créanciers hypothécaires ou privilégiés, non inscrits au moment de l'aliénation, doivent, sous peine de déchéance, prendre inscription ; 4° enfin elle est la première formalité de la purge.

(1583.)

La vente est la convention par laquelle l'une des parties transfère ou s'engage à transférer la propriété d'une chose moyennant un prix que l'autre s'engage à transférer.

D'importantes différences séparent la vente en droit français et en droit romain. Dans ce dernier, elle n'était que productive d'obligation, même faite par le véritable propriétaire ; elle ne donnait qu'une créance pour se faire transférer la propriété, et encore n'était-ce point la propriété qu'on s'engageait à transférer, mais une possession paisible et utile. On pouvait vendre la chose d'autrui ; et, lors même que l'acheteur venait à le découvrir, il n'avait point le droit d'attaquer le vendeur tant qu'il n'était point troublé dans sa jouissance ; aussi la définissait-on un contrat par lequel on s'oblige à livrer un chose moyennant un prix. Le concours de deux circonstances était nécessaire pour que cette obligation fût parfaite : la tradition de la chose, le payement du prix, en un mot la propriété n'était transférée que du moment où se trouvaient éteintes toutes les obligations de créancier et de débiteur.

Dans notre droit, au contraire, c'est bien véritablement la propriété de la chose qu'on a en vue d'obtenir, et que l'on doit obtenir du vendeur. La vente de la chose d'autrui est nulle ; et lors même que la possession ne vous serait disputée par personne, vous avez le droit, du moment où la propriété ne vous a point été transférée, d'attaquer le vendeur en nullité de la vente. Il n'est pas besoin que la chose vous ait été livrée, que le prix ait été payé ; du moment où vos volontés se sont rencontrées, il y a eu translation de propriété : ce n'est là qu'une répétition, une application de l'art. 1138, qui pose la règle pour toutes les conventions dont la vente n'est qu'une espèce.

Sous le Code, par le seul accord des volontés, la propriété est transférée entre parties comme vis-à-vis des tiers. Mais maintenant que l'on est revenu au système de la loi de brumaire, il faut que la vente ait été transcrite pour qu'elle puisse être opposée aux tiers ; la transcription ne s'applique, comme dans les autres manières d'acquérir, qu'aux actes translatifs de biens immobiliers.

(1689-1691.)

L'aliénation d'une créance prend le nom de cession ou de transport. Aujourd'hui, elle peut être assimilée à une vente ; l'accord des volontés suffit pour la rendre parfaite entre le cédant et le cessionnaire. Il n'est besoin d'aucune tradition ; et la remise du titre, qui en opère la délivrance, n'a pour objet que de mettre le cessionnaire à même d'user de la chose qu'il vient d'acquérir.

On ne concevait pas, en droit romain, qu'une créance pût

être aliénée. Comme elle ne constitue de rapport qu'entre deux
personnes déterminées, du moment où l'une d'elles venait à
disparaître, le rapport paraissait anéanti ; aussi était-on obligé
de recourir à une novation, en remplaçant cette créance par
une autre ; ou donnait-on à celui qui voulait la céder mandat
de la poursuivre sur le débiteur, sans obligation de rendre
compte ; on devenait *procurator in rem suam*. Nous avons aban-
donné ces voies détournées, et l'on a garanti les intérêts des
tiers en ordonnant d'une manière suffisante la publicité à
l'égard des nouveaux acquéreurs.

Tant que la mutation n'a pas été rendue publique, le contrat
n'a d'effet qu'entre le cédant et le cessionnaire ; la créance est
restée dans le patrimoine du cédant, qui continue de jouer, à
l'égard des tiers, le rôle de créancier. Il faut une acceptation
authentique de la cession par le cédé, signification de la cession au débiteur cédé, soit par le cédant, soit par le cessionnaire, pour qu'elle puisse être opposée aux tiers. On peut alors,
si l'on agit avec prudence, prendre information auprès du débiteur cédé, qui n'a nul intérêt d'induire en erreur, comme on
va au bureau des hypothèques consulter les registres de transcription.

Les tiers qui peuvent opposer le défaut de publicité sont tous
ceux qui n'ont pas été parties à la cession et qui ont intérêt à
ce que le cédant soit encore créancier ; tels sont : le cédé, s'il a
payé depuis la cession mais avant la publicité ; les tiers acquéreurs ; les créanciers du cédant. Ils n'ont pas été parties au contrat : pour eux la créance est toujours dans le patrimoine de leur
créancier.

Du reste la nécessité de la signification ou de l'acceptation
souffre exception en matière de lettres de change ou de billets
à ordre, dont la transmission s'opère par la voie de l'endosse-
ment ; de titres au porteur, desquels il n'est besoin que d'une

simple remise de la main à la main; de rentes sur l'État, se trans-
mettant par une inscription sur le registre du trésor public ; et
d'actions de la Banque de France, par une inscription sur les
registres de la Banque.

(2279-2280.)

Pour les immeubles comme pour les meubles, il existe une
manière d'acquérir, qui a été reconnue de tout temps, la prescription, dont la durée varie selon la nature du droit, selon que
le possesseur réunit ou non certaines conditions. Elle est souvent critiquée, parce qu'elle peut consacrer comme justes des
acquisitions qui ne reposent sur aucun fondement légal, et que
blâme la conscience ; mais elle est si nécessaire pour l'ordre
public, pour la sécurité de la propriété, que tout en s'abandonnant à quelques récriminations théoriques, on est obligé de
s'incliner devant son utilité pratique.

Les discussions qui ont pour objet de déterminer l'étendue
du principe de translation de propriété ne se sont jamais élevées
relativement aux meubles. Le droit de propriété, créé par la
seule convention de livrer un meuble corporel, a toujours été
regardé comme opposable à tous.

Celui qui possède un immeuble en est bien présumé propriétaire, mais seulement jusqu'à preuve du contraire. Il peut être
évincé si son titre est reconnu vicieux. Il faut un laps de temps
variable selon les circonstances, pour que son droit de propriété
soit à l'abri de toute attaque. En fait de meubles, la seule
possession, indépendamment du transport de la propriété, rend
votre titre invincible : aucune preuve ne saurait être admise
contre vous; et dès l'instant où vous avez possédé, quelque
courte que soit cette possession, elle vous tient lieu d'une juste
cause d'acquisition. La tradition, sans être plus nécessaire pour
le transport de la propriété des meubles que des immeubles, est
donc en ce premier cas d'une importance plus grande : car ce

n'est plus seulement une possession utile qu'elle donne à l'acheteur, mais un droit qu'elle rend inattaquable.

La nature des meubles, dont la propriété de peu de valeur est rarement constatée par écrit, leur passage rapide et fréquent d'une main dans une autre exigeait cette fiction pour la sécurité des contractants.

Une seule exception a été admise, et en ce cas on permet la revendication, en faveur de la chose volée, qui peut pendant trois ans être répétée contre celui entre les mains duquel on la trouve : cette prescription instantanée n'est point non plus applicable aux possesseurs de mauvaise foi, qui rentrent dans les lois ordinaires, et pour les meubles non corporels.

POSITIONS.

I. Les donations qui ont pour objet un droit d'usage doivent être transcrites.

II. Les héritiers du donateur peuvent-ils opposer le défaut de transcription?

III. Les tiers acquéreurs à titre gratuit ne peuvent pas opposer le défaut de transcription de la substitution.

IV. Celui qui a perdu sa chose par suite d'abus de confiance ou d'escroquerie ne peut pas exercer la revendication de l'article 2280.

V. Les créanciers du cédant sont des tiers dans le sens de l'article 1690.

Vu par le Président de la thèse,
DE VALROGER.

Vu par le Doyen,
C.-A. PELLAT.

www.ingramcontent.com/pod-product-compliance
Lightning Source LLC
Chambersburg PA
CBHW060535200326
41520CB00017B/5254